Severin Erbach

Aus der Reihe: e-fellows.net stipendiaten-wissen

e-fellows.net (Hrsg.)

Band 1259

La hoja de coca. ¿Hoja sagrada o hoja de la muerte?

GRIN Publishing

Bibliographic information published by the German National Library:

The German National Library lists this publication in the National Bibliography; detailed bibliographic data are available on the Internet at http://dnb.dnb.de .

Imprint:

Copyright © 2013 GRIN Verlag GmbH
Print and binding: Books on Demand GmbH, Norderstedt Germany
ISBN: 978-3-656-96435-3

This book at GRIN:

http://www.grin.com/es/e-book/299970/la-hoja-de-coca-hoja-sagrada-o-hoja-de-la-muerte

GRIN - Your knowledge has value

Since its foundation in 1998, GRIN has specialized in publishing academic texts by students, college teachers and other academics as e-book and printed book. The website www.grin.com is an ideal platform for presenting term papers, final papers, scientific essays, dissertations and specialist books.

Visit us on the internet:

http://www.grin.com/

http://www.facebook.com/grincom

http://www.twitter.com/grin_com

La hoja de coca

¿Hoja sagrada o hoja de la muerte?

Curso: Cultura y civilización de Latinoamérica 2

Nombre: Severin Erbach

Fecha: 3 de julio 2013

Índice

1. Introducción – La polémica sobra la hoja de coca   2

2. Breve descripción y hechos importantes sobre la coca   2

3. La hoja sagrada   3

    a) Historia e importancia cultural   3

    b) El consumo natural   4

    c) Propiedades de la planta   5

4. La hoja de la muerte   7

    a) La hoja de coca y la cocaína   7

    b) Las problemáticas de la lucha contra la cocaína   8

5. Conclusión   9

6. Bibliografía   11

1. Introducción – La polémica sobre la hoja de coca

Esta tesis va a tratar la hoja de coca, la planta que le dió el nombre tanto a la famosa bebida Coca-Cola como a la droga cocaína. Supuestamente no es una temática muy típica para un alemán, porque en nuestro país la mayoría de la población apenas conoce el nombre de esa planta y no tiene prácticamente ningún conocimiento sobre ella. En cambio yo la conocí durante mi estadía en Bolivia, donde pude enterarme de primera mano tanto de sus lados positivos como de los problemas que causa.

De hecho, esa ambivalencia es la razón por la que elije este tema: Me fascina que una pequeña planta de aspecto inocuo y inocente causa una polémica tan enorme que divida países y continentes. Existen muchos puntos de vista y opiniones muy distintas sobre la hoja de coca. Sus contrarios la titulan la hoja de la muerte y la reclaman ser culpable por todo lo malo que surge del consumo de la droga cocaína, porque la hoja es la materia prima para producir ese estupefaciente. En consecuencia, ellos querrían ver la coca erradicada completamente de los superficies del planeta.

Al otro lado, la gente en defensa de la coca, por ejemplo los indígenas andinos, la consideran un patrimonio cultural, medicina y alimento nutritivo y la llaman la hoja sagrada. Según ellos, la coca debería ser despenalizada completamente para que todos los pueblos del mundo pudieran aprovechar los beneficios de ella.

En las siguientes páginas voy a tratar de acercarme a ambos puntos de vista y así explicar un poco el trasfondo de esa polémica.

2. Breve descripción y hechos importantes sobre la coca

Primero empezaré con una breve descripción de la planta misma. La hoja de coca es una planta con flor sudamericana originaria de los Andes amazónicos. Es un arbusto de color verde intenso que crece hasta 2,5 metros de altura. Las regiones más adecuadas para cultivar la coca son zonas cálidas, húmedas y situadas en una altitud entre 800 y 2000 metros sobre el nivel del mar. Estas condiciones climáticas se encuentran fácilmente en los países andinos como Peru y Bolivia. Es también por eso que los mayores productores a nivel mundial son Peru con un 45,4% del área global de cultivo de hoja de coca, Colombia (39,3%) y Bolivia

(15,3%). Dependiendo de la fertilidad y adecuación del lugar de cultivo se puede cosechar la coca entre 3 y 6 veces al año.

En cuanto a su estado jurídico hubo un gran cambio al inicio de este año. En enero 2013 el consumo en su forma natural fue despenalizado por la ONU. Eso significa que hoy día la hoja de coca ya no es vista como droga en la comunidad internacional.[1] No obstante eso no siempre estuvo así. De hecho, desde el año 1961, la coca estaba prohibida y clasificada como sustancia estupefaciente de alta peligrosidad por la ONU. Esta decisión los había decepcionado y ofendido mucho a los pueblos andinos, ya que consideran la hoja de coca una parte ancestral de su cultura. Esa gran importancia cultural de la planta se va a aclarar más en la próxima parte del texto.

3. La hoja sagrada

a) Historia e importancia cultural

Para encontrar el descubrimiento y inicio del uso de la hoja de coca hay que buscar en épocas muy ancianas. Existen pruebas de que cuando menos desde el siglo II a. C. la coca fue usada extendidamente como analgésico por los indígenas andinos. Además, la coca formó una parte importante en la cultura de los Incas, que la usaron en varios rituales religiosos y míticos. En la época de los Incas, la hoja de coca fue únicamente un privilegio de la clase más alta. Incluso se supone que el uso de la hoja fue prohibida entre el resto de la población. La mayor importancia tenía en el ámbito religioso, ya que los sacerdotos usaron la coca durante varios de sus rituales. A causa de su consideración como "planta mística", la hoja fue usada para sacrificarla a los dioses, leer la suerte y otras ceremonias. También fue un regalo típico y reconocido de gran valor de los emperadores Inca a sus seguidores más fieles, llamado "presente real".[2]

Todavía hoy en día algúnos pueblos andínos siguen esas tradiciones ancestrales y usan las hojas para leer la suerte, bendecir matrimonios o casas y sacrificiarlas a la Pachamama, la madre tierra, para que cuide su pueblo y sus familias.

---

[1] „ Reserva en la Convención de la ONU despenaliza acullico y cultivo de la hoja de coca"
http://www.eldeber.com.bo/reserva-en-la-convencion-de-la-onu-despenaliza-acullico-y-cultivo-de-coca-/130117123342
[2] "La hoja de coca en el Imperio Inca" http://nuestrahistoriaperuana.blogspot.de/2012/09/hoja-coca-imperio-inca-planta-mistica.html

3

En consecuencia, los habitantes andinos siguen sintiendose ligados fuertemente a la coca, viéndola como parte imprescindible de la historia de sus pueblos y sus antecesores.

b) El consumo natural

También fuera del ámbito cultural, la hoja lleva siglos de tradición en otro aspecto de la vida para los habitantes ándinos. Esto se refiere al consumo directo de la hoja, masticandola en su forma natural, denominado el "acullicar" en Bolivia y por los pueblos quechuas, "picchar" por los aymaras, "mambear" en Colombia o "coquear" en Argentina. [3] Este consumo se realiza de la siguiente manera: El consumidor se mete las hojas secas en la boca y las mezcla con saliva hasta que forman un único bolo. Empezando con pocas hojas, se añade más y más con el tiempo. Además hay que agregar un componente alcalino al bolo de hojas para poder obtener un efecto del masticado, ya que sin esto, las sustancias nutritivas no serán liberadas de las hojas. Normalmente se usa un pequeño trozo de cal viva o ceniza alcalina, por lo cuál una bolsa de hojas de coca vendida en un mercado siempre contiene un bloquecito de estas sustancias.[4]

Para extraer las sustancias nutritivas y estimulantes de las hojas, el consumidor las mantiene en su boca por mucho tiempo, repetitivamente mezclandolas con su saliva y moviendo el bolo en su mejilla. Quizás el efecto más famoso e importante de esta práctica es, que las sensaciones de cansancia, sed y hambre desaparecen o consistentemente se disminuen a un nivel muy bajo. En consecuencia, los consumidores pueden quedarse despierto y trabajar más tiempo sin cansarse. Este efecto estimulante fue rápidamente descubierto y reconocido de valor por los conquistadores españoles, poco tiempo después de su llegada al continente sudamericano. En la época de la colonización, los españoles usaron la coca para explotar los habitantes indígenas, que obligaron a trabajar en sus minas. De este periodo proceden citaciones de conquistadores diciendo que los trabajadores indios podían quedarse hasta 36 horas bajo tierra, sin dormir ni comer nada más que la coca.

---

[3] TNI Documentos de Debate, p. 13 http://www.tni.org/sites/www.tni.org/files/download/debate13s_0.pdf
[4] "La milenaria y sagrada hoja de coca" http://www.katari.org/sagrada-hoja-de-coca/

Todavía hoy día, en muchos regiones andinos la mayoria de las personas con trabajos fatigosos como choferes de buses, obreros o mineros, mastican coca casí durante toda la jornada laboral.

c) Propiedades de la planta

Además de la simple opresión de estas sensaciones negativas, la coca no obstante también contiene varias sustancias nutritivas importantes y por lo tanto el masticar puede formar un complemento saludable a la dieta diaria. Cada hoja contiene cantidades notables de potasio, calcio, magnesio, vitamina C y E y varias otras sustancias nutritivas.

Comparación Alimenticia por 100 gr. de Coca con otros alimentos de la Región Andina

Alimento	Calorías	Proteínas (gr.)	Calcio (mg)	Hierro (mg)	Fósforo (mg)	Vit. A (kJ)	Vit. E (mg)	Tiamina Vit. B1 (mg)	Riboflav. Vit. B2 (mg)	Niacina Vit. B3 (mg)	Vit. C (mg)
Coca	304	19.9	2097.0	9.8	363	1760.00	44.1	0.30	1.72	6.50	11.5
Maíz	325	8.4	6.0	1.7	267	0.02		0.30	0.16	3.25	0.7
Trigo	336	8.6	36.0	4.6	224			0.30	0.08	2.85	4.8
Arroz	359	6.1	8.0	1.6	130			0.11	0.07	2.56	
Cebada	344	6.9	61.0	5.1	394	0.01		0.33	0.21	7.40	
Kiwicha	365	12.9	179.0	5.3	254			0.20	0.57	0.55	3.2
Quínua	367	14.0	114.0	7.0	450			0.35	0.32	1.43	6.8
Papa	97	2.1	9.0	0.5	47	0.02		0.09	0.09	1.67	14.0
Yuca	162	0.8	25.0	0.5	52	0.01		0.04	0.04	0.36	30.7
Hoja de Quínua	50	4.7	377.0	1.5	63	1.72		0.35	0.35	1.20	11.1
Hoja de Nabo Silvestre	35	2.9	367.0	2.8	95	2.12		0.38	0.38	2.40	49.2
Espinaca*	32	2.80	234.0	4.3	45	378		0.07	0.20	0.63	15.2

Fuente: M. Escobar, Cusco - Perú, 1993, Instituto de Nutrición, Lima 1993
* Valor Nutritivo de la Espinaca por 100 grs.

Este hecho se puede observar en la gráfica de arriba, que demuestra la cantidad de nutrientes contenidos en 1oo gr. de coca y, para compararlo, en varios otros alimentos importantes andinos como p.e. la quínua o el maíz.

Viéndo la gráfica es fácil constatar, que la coca de verdad es un alimento muy nutritivo. Comparando sus valores de nutrientes con los otros alimentos andinos, casí siempre la coca contiene una mayor cantidad de la sustancia nutritiva. Especialmente los valores muy altos de la Vitamina A, del calcio y del hierro llaman la atención del observador. No obstante hay que tomar en cuenta, que los alimentos comparativos de esa tabla casí exclusivamente son alimentos básicos, que naturalmente no pertenecen a los alimentos más nutritivos. De ésta manera, la coca se ve lo más saludable y valiosa posible – lo que seguramente fue el motivo de la companía medio-estatal peruana ENACO S.A., "Empresa Nacional de la Coca" que publicó ese cuadro. Sin embargo todos los datos son correctos y definitivamente demuestran el gran potencial de la coca como alimento. [5]

Adicionalmente la planta tiene otros efectos, que se pueden usar en la medicina. Definitivamente el más conocido y más usado es el uso como analgésico, que los indígenas andinos practican desde más que dos mil años. Impresiona que en adición a todo esto, la coca también logra ayudar contra el mal de altura y dolor de cabeza eficazmente. Por lo tanto la coca sigue jugando un gran papel en la medicina tradicional andina.

En los párrafos pasados quedó claro, que la hoja de coca tiene varias propiedades positivas y útiles. Pero todavía una gran cantidad de gente, especialmente en los países occidentales, la ven mayormente con escepticismo por sus sustancias y efectos estimulantes. No obstante no hay que temer que el consumo de la hoja en su forma natural provoca addición o daño a la salud. Al contrario, se debe subrayar que *"el uso y el consumo de la hoja de coca no producen cambios psicológicos o físicos mayores que los que resultarían del consumo de otras plantas y productos de uso libre y universal"* [6] Esto fue probado por varios estudios independientes, p.e. por la Universidad de Hárvard. Además,

---

[5] "Valor nutricional de la hoja de coca" www.enaco.com.pe

[6] TNI Documentos de Debate, p. 17 (de la reserva hecha por Bolivia a la firma de la convención de 1988)
http://www.tni.org/sites/www.tni.org/files/download/debate13s_0.pdf

no se ha documentado ningún caso de addición ni se ha encontrado algún efecto nocivo del consumo natural.[7]

4. La hoja de la muerte

a) La hoja de coca y la cocaína

A pesar de todas estas características positivas, no hay que olvidar que la coca también tiene un lado oscuro. Un lado que causa tantos problemas graves que otro apodo de la planta es "la hoja de la muerte".

La hoja de coca es la materia prima que se utiliza para producir la droga cocaína. Hoy día, la cocaína es uno de los estupefacientes ilegales más peligrosos y globalmente extendidos, siendo usada en prácticamente todo el mundo. Entonces es obvio que se deba luchar contra esa droga y por muchos, la única aproximación prometedora a esa problemática es arrancarla de sus raíces, es decir, erradicar la hoja de coca del planeta. En realidad, en las decadas pasadas sino no se ha tenido mucho éxito con esta estrategia

La lucha contra el narcotráfico, especialmente la cocaína, ya tiene una larga historia llena de decepciones, contragolpes pero también éxitos. No obstante contar todos los detalles sobre el problema del narcotráfico en Latinoamérica, quedaría fuera del límite de esta tesis, así que aquí solo van a ser mencionados algúnos hechos básicos.

Para enterarse de la gravedad del problema en los países andinos, es suficiente fijarse en algunos números publicados por la FELCN boliviana, las Fuerzas Especiales de Lucha Contra el Narcotráfico y la PNP, la Policía Nacional Peruana En el año 2012, los autoridades bolivianos incautaron 34 toneladas de cocaína, miéntras las fuerzas antidrogas peruanas encontraron 30 toneladas más en el mismo tiempo. Reconociendo que los dos países juntos son poblados por apenas 40 millones de habitantes y en comparación en Alemania, un país de 80 millones

---

[7] "Universidad de Harvard demuestra que masticaión de la hoja de coca tiene propiedades para la salud y nutrición" http://kaosenlared.net/america-latina/item/10646-universidad-de-harvard-demuestra-que-masticaci%C3%B3n-de-hoja-de-coca-tiene-propiedades-para-la-salud-y-nutrici%C3%B3n.html

de habitantes, se incautaron apenas 2 toneladas de cocaína en el 2012, queda claro que la situación es más que preocupante.[89]

En cuanto a la producción de la droga, hacen falta varios procesos químicos para llegar desde las hojas secas a la cocaína pura. Se estima que para obtener un kilo de pasta de cocaína, se necesitan alrededor de 125 kilos de hojas de coca. Esto demuestra que para mantener un negocio lucrativo, poseer una gran área de cultivo es imprescindible. De hecho, esta suposición se verá confirmada echando un vistazo a las cifras de área de cultivo: Según estudios pasados de la ONU, en Bolivia 12 mil hectáreas son lícitas y permitidas, porque esta cantidad de cultivo aproximadamente cubre la demanda por el consumo natural. Sin embargo se estima que existen entre 27 y 35 mil hectáreas de cultivo de hoja de coca en el país, lo que hace suponer que la mayoría de la coca producida es dedicada únicamente para el narcotráfico.[10]

b) Las problemáticas de la lucha contra la cocaína

Obviamente también las autoridades de los países afectados están conscientes de estos hechos. Sin embargo hasta hoy no se pudo superar el problema ni sustancialmente mejorar la situación, aunqué se han emprendido muchos esfuerzos en la lucha contra el narcotráfico. La estrategia más perseguida por las autoridades es la erradicación de los cultivos ilegales. Los Estados Unidos han empezado con este método, mandando sus fuerzas antidrogas, la DEA, a ingresar a la región del Chapare, la región boliviana más conocida por el cultivo ilegal de la coca, a partir de los años 80. Junto con el gobierno boliviano la DEA trató de erradicar toda la producción ilícita de la coca. Sin embargo, este proyecto resultó ser mucho más difícil que se había esperado. El mayor problema inesperado fue la dificultad de distinguir entre cultivo tradicional y cultivo destinado a producir droga – determinar, desde qué punto la traducción era ilícita, fue casí imposible en muchos casos. Para entender eso, hay que acordarse que en los países de desarrollo como Bolivia, no existen registros detallados sobre cada productor y hectárea de cultivo. Entonces no hay una manera fácil para personas

---

[8] "32,5 toneladas de cocaína incautada durante 2012, según la PNP" http://www.larepublica.pe/05-11-2012/325-toneladas-de-droga-incautada-durante-2012-segun-la-pnp

[9] „FELCN incautó cai 34 toneladas de cocaína en todo el a ño" http://lapatriaenlinea.com/?nota=128389

[10] "Bolivia: La hoja de coca triunfó en el mundo" http://ea.com.py/bolivia-la-hoja-de-coca-triunfo-en-el-mundo/

ajenas como los agentes de la DEA o la FELCN de fijarse rápidamente y fiablemente, cuales áreas de cultivo son sospechosos.

A esta problemática además se sumó el factor de la resistencia de la población del Chapare. Para una gran parte de ella, el cultivo de coca fue y todavía hoy en día es la única fuente de ingresos. Ya que es una región bastante pobre, practicamente no existen otras perspectivas para los habitantes sin recursos de la clase baja. En consecuencia, había muchos enfrentamientos violentos entre los militares tratando de erradicar cultivos y los campesinos indignados, que dificultaron el trabajo de las fuerzas antidrogas. De hecho, hasta hoy día, esa resistencia se mantuvo firme. Recién en junio 2013 se reportaron nuevos choques entre cocaleros bloqueando y protegiendo sus campos y militares.[11]

Un tercer gran problema es la compleja estructura geológica y demográfica de los países y regiones productores. Por primero, se trata mayormente de zonas con baja densidad de población, lo que dificulta la vigilación y el control por las autoridades. En cuanto al paisaje característico en las zonas de cultivo, hablamos de regiones montañosas que son por gran parte cubiertas por selvas trópicas. Estas propiedades complican el trabajo de las fuerzas antidrogas aún más, porqué la poca claridad del paisaje les conviene perfectamente a los narcotraficantes. Así pueden esconder sus depósitos y laboratorios para la procesación de la coca en lugares desconocidos en la selva, a muchos kilómetros del próximo pueblo. Ya que desde la altura es imposible descubrirlos a causa de los árboles trópicos, la única manera de encontrarlos es andar buscando caminando. Así ya queda claro lo dificultoso y fatigoso que es la lucha contra la cocaína en los países productores.

5. Conclusión

Al inico de esta tesis, he presentado dos titulaciones muy diferentes por la hoja de coca: la hoja de muerte y la hoja sagrada. Al final de la misma, todavía no lo veo posible decidirme por uno de los dos nombres. En mi opinión, ambos contienen algo verdadero y al mismo tiempo desatentan otros aspectos importantes.

---

[11] "Heridos y detenidos por la erradicación de cocales"
http://www.eldeber.com.bo/nota.php?id=130602223258

Lamentablemente hay que admitir que sin la hoja de coca no existiría la cocaína – en conclusión la reclamación, que la coca es la raíz de todo lo malo que causa la cocaína, es válida. Sin embargo al mismo tiempo se debe reconocer que la coca misma no es una sustancia peligrosa o nociva. También ayudaría rememorar el hecho que los pueblos indígenas andinos llevan más que dos mil años usando la coca en su forma natural sin haber sufrido daños a causa de esto. Antes de la invención de la cocaína cristallizada, nadie puso en duda lo valioso y útil que es la coca pura. No obstante hoy día, cuando ya existe la cocaína, es imposible completamente separar la coca de ella. Por lo tanto, en mi opinión hay que encontrar un camino entre la despenalización y la erradicación total. Ni satanizar la coca, ni santificarla corresponde justamente a esa compleja temática.

El lema de la política del gobierno de Evo Morales se llama "Coca sí, cocaína no". En mi opinión, esa idea general debería ser adoptada por la comunidad internacional e integrada en sus políticas en cuanto a la coca. De esta manera, suponiendo que la estrategia tenga éxito algún día, los pueblos andinos se quedarían con su hoja sagrada mientras al mismo tiempo el problema de la cocaína sería enfrentado con máxima fuerza.

Para lograr eso, todavía hacen falta muchos cambios estructurales en los países productores. Se necesita un sistema de control amplía de los áreas de cultivo de coca incluyendo un registro con inscripción obligatoria para cada cocalero – así sería más fácil distinguir entre cultivo legal e ilícito. Quizás incluso es necesario determinar ciertos régiones con un número limitido de hectáreas permitidas para el cultivo de coca – y reclamar todo el cultivo fuera de esas zonas como ilícito y erradicarlo de una vez. Obviamente en la población habría muchísima resistencia y rechazo contra un procedimiento tan drástico y hoy día no sería realizable.

Para poder pensar en tales pasos, primeramente es imprescindible liberar las regiones donde tradicionalmente se cultiva la coca de la dependencia de la misma. Esto significa establecer un desarollo sostenible, reducir la pobreza y respaldar otros sectores económicos en las regiones afectadas. Recién cuando la población tendrá alternativas esperanzadoras al cultivo de coca y narcotráfico, será posible ganar la lucha contra la droga. Pero aunque seguramente es un largo proceso, teniendo en cuenta que todos los países afectados se están desarollando establemente, yo creo que puede ser logrado en el futuro.

6. Bibliografía

- "Transnational Institute (TNI): Documentos de Debate" http://www.tni.org/sites/www.tni.org/files/download/debate13s_0.pdf
- "Estrategias de lucha contra el narcotráfico y reducción de cultivos excedentarios de coca 2011-2015"http://www.cicad.oas.org/fortalecimiento_-institucional/planesnacionales/Bolivia_2011_2015.pdf
- " La milenaria y sagrada hoja de coca" http://www.katari.org/sagrada-hoja-de-coca/
- "Bolivia: La hoja de coca triunfó en el mundo" http://ea.com.py/bolivia-la-hoja-de-coca-triunfo-en-el-mundo/
- „ Reserva en la Convención de la ONU despenaliza acullico y cultivo de la hoja de coca" http://www.eldeber.com.bo/reserva-en-la-convencion-de-la-onu-despenaliza-acullico-y-cultivo-de-coca-/130117123342
- "La hoja de coca en el Imperio Inca" http://nuestrahistoriaperuana.blogspot.de/2012/09/hoja-coca-imperio-inca-planta-mistica.html
- "La hoja de coca, 500 años satanizada" http://www.corneta.org/no_44/la_hoja_de_coca_500_anos_satanizada.html
- „FELCN incautó casi 34 toneladas de cocaína en todo el año" http://lapatriaenlinea.com/?nota=128389
- "Universidad de Harvard demuestra que masticaión de la hoja de coca tiene propiedades para la salud y nutrición" http://kaosenlared.net/america-latina/item/10646-universidad-de-harvard-demuestra-que-masticaci%C3%B3n-de-hoja-de-coca-tiene-propiedades-para-la-salud-y-nutrici%C3%B3n.html
- "Erythroxylum coca" http://es.wikipedia.org/wiki/Erythroxylum_coca
- "32,5 toneladas de cocaína incautada durante 2012, según la PNP" http://www.larepublica.pe/05-11-2012/325-toneladas-de-droga-incautada-durante-2012-segun-la-pnp
- "Heridos y detenidos por la erradicación de cocales" http://www.eldeber.com.bo/nota.php?id=130602223258
- "Valor nutricional de la hoja de coca" http:// www.enaco.com.pe
- " EEUU reitera sus críticas al país por la lucha antidrogas" http://www.la-razon.com/nacional/seguridad_nacional/EEUU-reitera-criticas-lucha-antidrogas_0_1796220406.html